D1875389

Agnes Ebhardt

Fröhliche Wege aus der Dyskalkulie

Kindern mit Rechenschwäche
erfolgreich helfen

Danksagung

Dieses Buch wäre kaum zustande gekommen ohne die freundliche Unterstützung von Dr. Bodo Klemenz, Dr. Andreas Schulz, Dr. Gerhild Funke, Ingrid Mengert, Edith Hansen, meiner Nichte Frauke Ebhardt, meinem Bruder Hermann Ebhardt und vor allem von meinen Schülern.

Ihnen allen gilt mein herzlicher Dank!

Agnes Ebhardt

Agnes Ebhardt

Fröhliche Wege aus der Dyskalkulie

Kindern mit Rechenschwäche erfolgreich helfen

verlag modernes lernen - Dortmund

© 2002 BORGMANN MEDIA verlag modernes lernen Borgmann KG
Hohe Straße 39 • D-44139 Dortmund

3., unveränd. Aufl. 2005
Gesamtherstellung: Löer Druck GmbH, Dortmund
Titelfoto: Gerhild Funke

Bestell-Nr. 1198 ISBN 3-8080-0508-4

Urheberrecht beachten!
Alle Rechte der Wiedergabe dieses Fachbuches zur beruflichen Weiterbildung, auch auszugsweise und in jeder Form, liegen beim Verlag. Mit der Zahlung des Kaufpreises verpflichtet sich der Eigentümer des Werkes, unter Ausschluss der § 52a und § 53 UrhG., keine Vervielfältigungen, Fotokopien, Übersetzungen, Mikroverfilmungen und keine elektronische, optische Speicherung und Verarbeitung (z.B. Intranet), auch für den privaten Gebrauch oder Zwecke der Unterrichtsgestaltung, ohne schriftliche Genehmigung durch den Verlag anzufertigen. Er hat auch dafür Sorge zu tragen, dass dies nicht durch Dritte geschieht.

Zuwiderhandlungen werden strafrechtlich verfolgt und berechtigen den Verlag zu Schadenersatzforderungen.

Inhalt

Vorwort

Mit dieser Publikation legt die Autorin Eltern und Pädagogen ein Übungsangebot vor, das rechenschwache Kinder darin unterstützen soll, in kleinen Schritten die Grundlagen für das Verstehen von Zahlen und basalen Rechenvorgängen zu erarbeiten.

Frau Ebhardt hat diese Übungen in jahrelanger Praxis entwickelt und mit vielen rechenschwachen Schülern unterschiedlicher Klassenstufen erprobt. Dazu gehörten glücklicherweise auch zahlreiche Klienten unserer Erziehungsberatungsstelle, die von dieser speziellen Förderung sehr profitieren konnten. Die Besonderheit dieses Förderansatzes besteht darin, rechenschwachen Schülern das Erkennen mathematischer Grundstrukturen vornehmlich über Bewegungsübungen und Bewegungsspiele zu vermitteln, um ihnen über den Umgang mit Raum und Zeit das Zehnersystem transparent zu machen.

Die Autorin ist für die Entwicklung eines solchen Förderkonzepts als frühere Gymnastik- und Sportlehrerin besonders qualifiziert, was unmittelbar deutlich wird, wenn man ihre sehr anschaulichen, abwechslungs- und einfallsreichen Lernangebote nachvollzieht.

Viele Eltern und Lehrer sind ratlos, wenn es ihnen trotz intensiver Bemühungen nicht gelingt, die Rechenstörungen von Kindern abzubauen. Sie sollten es einmal mit den vorliegenden spielerischen Übungen versuchen, und ich erwarte, dass sie nicht nur sehr bald erkennbare Fortschritte im Zahlenbegriffsverständnis ihrer rechenschwachen Kinder wahrnehmen können, sondern auch deutlich verbesserte Mathematikleistungen.

Dr. Bodo Klemenz
Leiter der Erziehungsberatungsstelle
in Einbeck

Einführung

1. Der erste Schritt

Sollten Sie als Eltern oder als Pädagoge sich um ein Kind bemühen, das nicht in der Lage zu sein scheint, im Bereich der Mathematik einfachste Operationen zu erlernen wie z. B. Plus- und Minusaufgaben, das Erfassen von Mengen, das Abschätzen von Entfernungen, das Einordnen von Ziffern im Sinne des Wertsystems, der Umgang mit den Symbolen, das Gefühl für Zeit, bestimmte Abläufe oder Rhythmen, so wird es sich bei diesem Kind wahrscheinlich um eine Dyskalkulie (Rechenschwäche) handeln. Mit ihm muss auf eine ganz bestimmte Weise geübt werden, während das normale Rechentraining allein, selbst bei ständiger Wiederholung, keinen Erfolg bringt. Vielmehr stellt es den Schüler wie auch den mit ihm übendem Erwachsenen auf eine harte Geduldsprobe, die schließlich zur Resignation führen kann.

Melden Sie sich in solch einem Fall nach Absprache mit dem Lehrer mit dem Kind bei einem Kinderpsychologen, in einer Erziehungsberatungsstelle oder beim schulpsychologischen Dienst an. Dort werden Sie die Ursachen und Zusammenhänge der Rechenschwäche speziell bei Ihrem Kind, bzw. Schüler/in erfahren und was man im Hinblick auf seine Gesamtentwicklung dagegen tun kann.

In der Wartezeit bis zu einem Termin können Sie schon mit den hier angegebenen Lernspielen und Bewegungsübungen beginnen.

2. Bei genauerer Betrachtung

In meiner Eigenschaft als ehemalige Gymnastik- und Sportlehrerin fiel mir bei Nachhilfestunden in Mathematik bei Kindern im Alter von 6 bis 12 Jahren ein Zusammenhang auf zwischen gewissen Bewegungseinschränkungen und dem Vermögen mathematischen Denkens. Aber nicht nur mir ist dieses aufgefallen, sondern es gibt auch wissenschaftliche Positionen, die auf diese Zusammenhänge hinweisen (vgl. Ingeborg Milz „Rechenschwäche erkennen und behandeln“ 1997).

Also begann ich für diese Schüler Bewegungsspiele zu entwickeln, welche ihren Gleichgewichtssinn, ihr Konzentrationsvermögen, ihre Raumwahrnehmung und Raumvorstellung, ihre Vorstellung von Zeit und bestimmten Abläufen aufbauen und stärken können. Erst wenn in dem Umgang mit Raum und Zeit eine gewisse Freiheit, Sicherheit und Selbstverständlichkeit erreicht wurde, kann dem Kind das jeweils nötige mathematische Denken abverlangt werden. Dann jedoch verliert sich meistens die Angst vor diesem Fach, die Leistungen bessern sich und sich steigernde Erfolgserlebnisse geben dem Kind wieder Selbstvertrauen. Allerdings sollte bei den Spielen nie der Zusammenhang zum Fach Mathematik aus den Augen verloren werden und vom konkreten Spiel immer wieder der Übergang zum abstrakten mathematischen Denken geschaffen werden.

3. Es gibt verschiedene Ursachen einer Dyskalkulie

Dazu gehören:

1. Biologisch-organisch bedingte Schwächen

mit Störungen in der Seh- oder Hörwahrnehmung, des Tastsinnes sowie des Gleichgewichtssinnes. Dadurch entstehen Defizite

a) bei der Wahrnehmung und Verarbeitung von Berührungsreizen,
b) bei der Fähigkeit aus der Bewegung Informationen zur Orientierung zu beziehen (wie z. B. rechts-links, oben-unten, vorn-hinten),
c) bei der Verarbeitung von räumlichen und zeitlichen Informationen und Abläufen,
d) im Aufbau eines visuell-räumlichen Vorstellungsvermögens.

2. Einige psychische, emotionale und soziale Gründe

a) durch überbehütende oder vernachlässigende Erziehung.
b) Es fehlt an räumlichen Erfahrungen, das Kind kann sich nicht ausreichend austoben.
c) Das Kind leidet unter zu frühem Leistungsdruck.
d) Anhaltende belastende Erlebnisse bewirken eine gewisse längerfristige geistige Abwesenheit während des Schulunterrichts.
e) Es besteht ein Mangel an Anregung durch die Umwelt.
f) Das Kind spielt in der Klasse eine Außenseiterrolle

3. Schulische Ursachen als zusätzliche Problematik

a) Fehlende Anpassung des Lernangebotes an den aktuellen Entwicklungsstand des Kindes.
b) Mangelnde Gesprächskultur im Unterricht.
c) Zu wenige oder unpräzise Erläuterungen der Rechenwege.
d) Erlahmende Neugier. Kinder sollten häufiger Neues selbst entdecken dürfen, um motiviert zu werden.

Nach meiner Erfahrung ist eine der wesentlichsten Ursachen eine mangelhafte Raumwahrnehmung und Raumvorstellung. Hier liegen die Ansatzpunkte für meine Lernspiele.

Viele Kinder leiden unter den veränderten Lebensbedingungen unserer Welt. Besonders eingeschränkte Spiel- und Bewegungsräume und die Überflutung durch audio-visuelle Medien bewirken häufig, dass kleine Kinder keine ausreichenden elementaren Sinneserfahrungen machen. Sie lernen zwar das zweidimensionale Sehen in den Medien kennen, aber es fehlt ihnen oft die Vorstellung der räumlichen Tiefe – die dritte Dimension. Auch entwickelt sich die Fähigkeit, räumliche in zeitliche Vorstellungen zu übersetzen (oder umgekehrt) nicht ausreichend.

Um Ihnen das zu verdeutlichen, erzähle ich Ihnen die Geschichte vom Bachbett.

4. Die Geschichte vom Bachbett

Ein Kind springt barfuß in einem seichten, klaren Bach von Stein zu Stein. Um den nächsten größeren Stein zu erreichen, muss es den zu überwindenden Raum genau abschätzen, gut zielen und die gerade hierfür nötige Kraft einsetzen. Es spürt an seinen Füßen den sonnenwarmen, nassen Stein, dann die Luft während des Sprunges und schließlich wieder einen feucht-warmen Stein. Es setzt viele Sinne ein. Diese Anforderung macht ihm Spaß, fordert zu immer weiterer Wiederholung heraus, bis es gelingt, ohne Ausrutschen im Bachbett durch das fließende Gewässer voranzukommen. Alles kommt auf das Kind selbst an. Es trainiert sich mit großer Freude. Sein Selbstbewusstsein, seine Wahrnehmungsfähigkeiten und sein Gleichgewichtssinn wachsen.

Nur, welches Kind findet heute noch solch einen Bach oder andere naturgegebene Möglichkeiten zum Üben und Entwickeln seiner Kräfte in seiner Nähe?

So schauen sich Pädagogen und Eltern um nach Bewegungsspielen, die unseren eingeengten Kindern Ersatz bieten können.

Da es bei diesen Spielen hauptsächlich um Raumwahrnehmung und Raumvorstellung geht, wollen wir den Begriff „Raum“ genauer betrachten, denn ...

5. Räume haben Eigenschaften

a) Räume haben Grenzen.
b) Räume haben Inhalte.
c) Räume sind Teil eines jeweils größeren Raumes.
d) Wir können sie umgrenzen, durchqueren, mit Leben füllen.
e) Wir können sie von innen und von außen betrachten.
f) Wir müssen uns im Gleichgewicht befinden, um sie zu erfahren.

Räume haben Grenzen

Das ganz kleine Kind lernt auf dem Arm der Mutter einen Raum kennen, der von dem mütterlichen Körper begrenzt wird und der ihm Geborgenheit und Urvertrauen vermittelt. Auch in seinem Bettchen möchte es Begrenzungen spüren. Später beim Krabbeln und bei ersten Laufversuchen erweitert sich allmählich der Lebensraum des Kindes, bis es schließlich verschiedene Räume entdecken und erkennen kann.

Der jugendliche und der erwachsene Mensch gestaltet dann seinen Daseins-Platz selbst und füllt ihn mit eigener Lebendigkeit, mit Begegnungen und Gemeinschaft aus.

In allen Fällen handelt es sich nicht nur um geometrische Dimensionen, sondern um Räume, die von Qualitäten erfüllt sind. (nach Prof. Dr. med. *Glaser*). Erst von solchen selbst „erlebten" Räumen aus kann ein Kind eines Tages übergehen zu der abstrakten Vorstellung von Raum und Zeit im Sinne des mathematischen Denkens.

Haben sich jedoch die räumliche Wahrnehmungsverarbeitung und damit auch das Gefühl für Zeitspannen sowie der Gleichgewichtssinn nicht ausreichend entwickelt, so kann es zu einer mangelhaften mathematischen Vorstellungskraft kommen.

Wichtig ist außerdem für die Entwicklung sowohl sprachlicher wie auch mathematischer Fähigkeiten das harmonische Zusammenspiel beider Hirn-Hemisphären, welche mit dem Heranwachsen zunehmend ganz verschiedene Aufgaben erfüllen. Bei Entwicklungsverzögerungen oder -störungen in diesem Bereich bewähren sich die Überkreuzbewegungen nach Dr. Paul E. *Dennison*, die sich auch gut in den Unterricht einer ganzen Klasse einbauen lassen. Müde, gelangweilte Kinder können nach meiner Erfahrung mit den Überkreuzbewegungen wieder zu Lerneifer und Konzentration gebracht werden.

Überreizung des kindlichen Gehirns

Wenn zu viele Reize permanent das Gehirn erreichen wie z. B. durch den übermäßigen Gebrauch von Fernsehen, Radio, Computern usw. wird ein so starker, ständiger Erregungszustand erreicht, dass das kindliche Gehirn sich schützt und die Aufnahmefähigkeit verringert. Diese Kinder sind dann nur schwer ansprechbar und aufnahmefähig.

Man kann ihnen helfen, indem man in fröhlicher Atmosphäre durch Bewegungsspiele ihre Sinne in Anspruch nimmt und damit ihre Aufmerksamkeit und ihren Eifer wiedergewinnt.

Bewegungsübungen und Bewegungsspiele

Mit den Füßen auf Entdeckungsreisen Gangübungen

Geschult werden:
Mut zum Erfassen und Umsetzen räumlicher und zeitlicher Informationen,
Gleichgewichtssinn, Konzentration,
rhythmische Abläufe (Serialität), Raumorientierung

1. Rhythmische Muster

Einige dieser Gangübungen können und sollten nach ihrer Durchführung von dem Kind als Muster in einen großen Block gezeichnet werden, um den Eindruck zu vertiefen, bewusster werden zu lassen und Freude an dem Muster zu haben. So finden wir den ersten Übergang vom konkreten Tun zum abstrakten Denken.

1a) Einfaches Vorwärtsgehen geradeaus im Wechsel mit Stehenbleiben. Sie begleiten das Kind im Viervierteltakt auf einem Tamburin oder durch Klatschen, sodass es zu einem gleichmäßigen Rhythmus findet: z. B. 4 Schritte vorwärts, einen Vierertakt stehen bleiben.

1b) Dasselbe mit Klatschen oder Stampfen beim Stehenbleiben.

2a) 4 Schritte vorwärts gehen, 1/4 Wendung nach rechts und in dieser Richtung 4 Schritte gehen, 1/4 Wendung zurück in die erste Richtung und 4 Schritte vorwärts gehen usw., so dass das Kind mit den Füßen eine Treppe zeichnet.
Lassen Sie das Kind ganz links vorn im Raum anfangen.

2b) Dasselbe mit den Wendungen nach links, dabei rechts vorn im Raum beginnen.

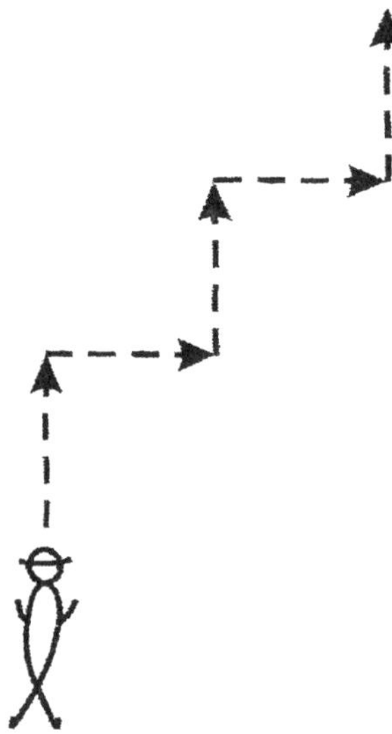

Abb. zu 2a.

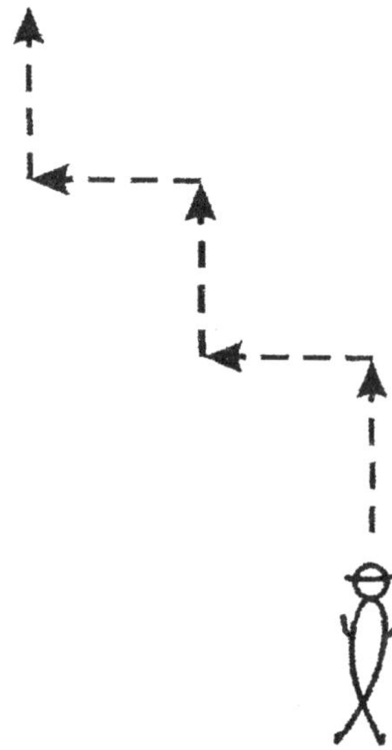

Abb. zu 2b

3) Im Wechsel geradeaus 4 Schritte gehen, 1/4 Wendung nach rechts und in diese Richtung 4 Schritte, 1/4 Wendung zurück und geradeaus 4 Schritte,1/4Wendung nach links und in diese Richtung 4 Schritte, 1/4 Wendung zurück und wieder geradeaus 4 Schritte gehen usw., sodass dieses Muster entsteht:

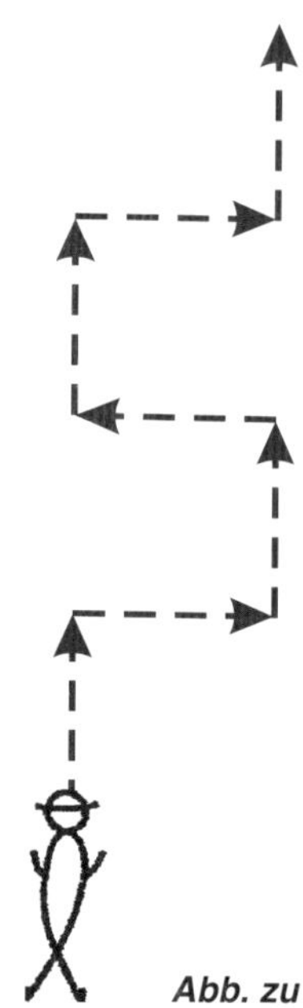

Abb. zu 3

4a) Das Rückwärtsgehen üben. Das Kind legt in Gegenüberstellung seine Hände auf Ihre vorgestreckten Arme. Beginnen Sie langsam, da das Rückwärtsgehen Kindern mit einer Dyskalkulie häufig schwer fällt. Evtl. beruhigend dabei sprechen. Um Angst zu vermeiden, beschränken Sie sich anfangs auf nur wenige Schritte. Vorher den zur Verfügung stehenden Raum betrachten lassen. Später die Strecke verlängern und allmählich übergehen zu einem zügigen Schritttempo.

4b) Im Wechsel 2, 4, oder 6 Schritte rückwärts gehen, ebenso viele Takte stehen bleiben.

4c) Rückwärts gehen – stehen – vorwärts gehen in gleichmäßigem Wechsel und Rhythmus. Dasselbe, aber beim Stehen klatschen oder stampfen.

5a) In der Gruppenarbeit:
Kreisaufstellung der Kinder mit dem Gesicht zur Mitte. Alle gehen zu einer Musik im Vier-Viervierteltakt (oder zu einer Begleitung mit dem Tamburin oder durch Klatschen) zur Kreismitte, nach einer halben Drehung wieder auseinander zum Ausgangsplatz; halbe Drehung, vor zur Kreismitte usw. im Wechsel.

5b) Dasselbe, aber von der Mitte aus rückwärts zurück auf die große Kreisbahn, 1 1/2-mal um sich selbst drehen, stehen, klatschen und wieder vorwärts zur Kreismitte usw. (Das Drehen um sich selbst sollte vorher einzeln geübt werden).

5c) Diese Übungen kann man auch mit nur einem Kind ausführen, indem man in größerem Abstand in Gegenüberstellung beginnt.

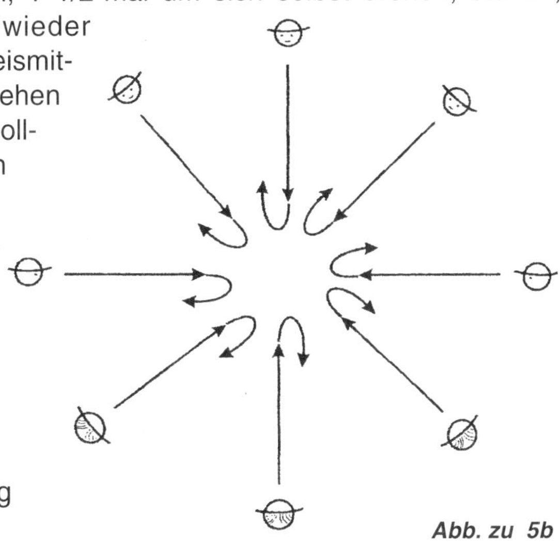

Abb. zu 5b

Auf diese Weise kann schon ein längerer Ablauf, der jedoch ganz auf die Entwicklung der Kinder abgestimmt sein sollte, geübt und erfahren werden. Eine Begleitung mit Musik oder Tamburin, zumindest mit der Stimme, erleichtert diese tanzartige, heitere Übung.

Die folgenden Übungen fordern das Kind dazu heraus, selbst einen räumlichen und zugleich zeitlichen Ablauf herauszufinden und einzuhalten.

6a) Zügig auf ein Objekt (z. B. Baum, Stuhl, Person) zugehen und kurz davor anhalten. Den Anweg nicht zu lang wählen!

6b) Dasselbe im Laufschritt und plötzliches Anhalten vor dem Objekt.

6c) Nun blind auf das Objekt zugehen und kurz davor aus eigenem Gespür anhalten. Der Weg muss stets gleich bleiben in seiner Länge. (Stellen Sie sich für evtl. Hilfeleistungen neben das Objekt).

7a) Im Slalom um mehrere Personen oder Objekte gehen. Man kann z. B. Papierfähnchen in gleichmäßigen Abständen in eine Wiese stecken. Dabei sagt das Kind: „Fähnchen rechts, Fähnchen links,... usw.“

7b) Dasselbe, aber mit geschlossenen Augen. Sie selbst begleiten dabei das Kind zur stets bereiten Hilfestellung.

Abb. zu 7

2. Das Umschreiten von Räumen

1) Wir umschreiten einen Raum wie z. B. ein Zimmer, eine Wiese, einen Hof, einen Teil einer Turnhalle und damit ein Rechteck.

2a) Wir malen uns mit Kreide 4 gleich lange Seiten auf und umschreiten nun ein Quadrat.

2b) Später denken wir uns nur die 4 gleich langen Seiten des Quadrates mit den Eckpunkten A, B, C und D und gehen von einem gedachten Eckpunkt zum nächsten jeweils mit der gleichen Anzahl von Schritten.

3a) Wir gehen einen Kreis, wir laufen einen Kreis.

3b) Wir entwickeln aus dem Kreis spiralförmig immer kleinere Kreise und drehen uns zum Schluss um uns selbst. Dasselbe zurück mit immer größeren Kreisen bis zum Ausgangspunkt.

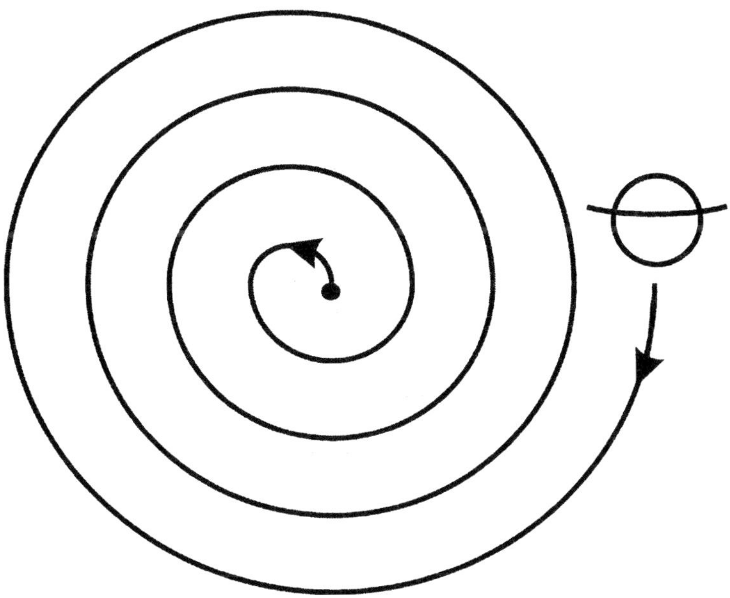

Abb. zu 3b

3c) Wir legen mit einem langen Seil einen schönen runden Kreis, suchen durch Abschätzen seinen Mittelpunkt und betrachten den Kreis ringsum von seinem Mittelpunkt aus.

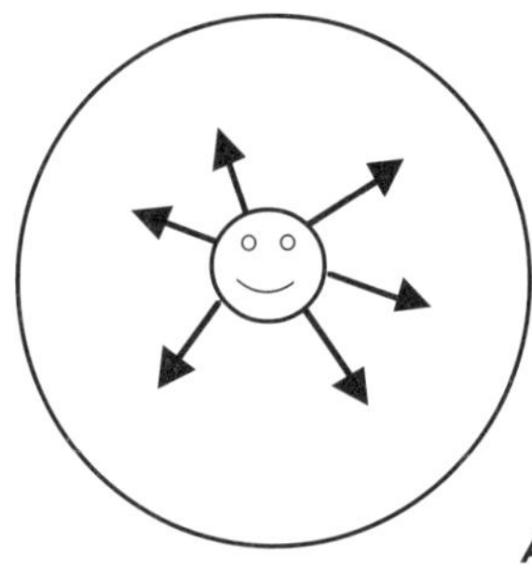

Abb. zu 3c

4) Wir legen mit dem Seil ein Dreieck, umschreiten es und merken dabei die starken Wendungen der Eckpunkte.

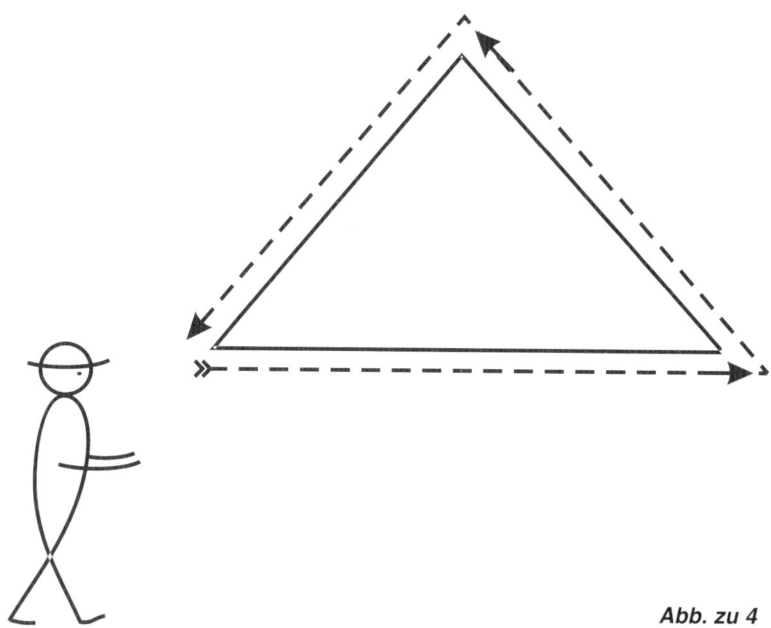

Abb. zu 4

Es ist zu empfehlen, das Abschreiten der Außenlinien mehrfach hintereinander durchzuführen mit kleinen Pausen an den Eckpunkten, damit dem Kind die Form des Raumes bewusst wird.

5a) Wir schätzen die Längen der verschiedenen Seiten der geometrischen Figuren, messen sie dann mit dem Maßband nach und vergleichen die Ergebnisse.

3. Das Durchschreiten von Räumen

1a) Vorwärts gehen auf der halbierenden Senkrechten eines Rechtecks, d. h. wir stehen auf der Mitte einer der kurzen Außenseiten eines Rechtecks und durchqueren dieses durch seinen Mittelpunkt bis zur gegenüberliegenden Außenseite. – Wo landen wir? – Wieder auf der Mitte einer kurzen Außenseite.

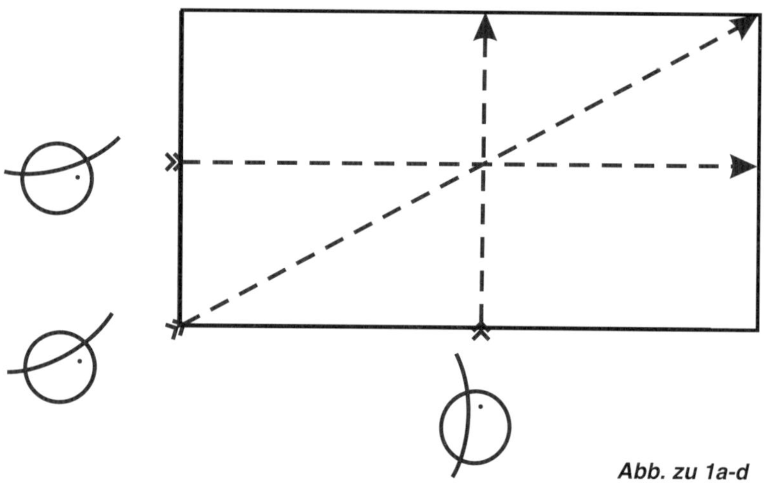

Abb. zu 1a-d

1b) Dasselbe, aber von der Mitte einer langen Seite aus. Wann ist der Weg kürzer, wann länger?

1c) Wir durchqueren das Rechteck auf seinen Diagonalen. Wo landen wir? Welches ist der längste Weg, den wir bisher im Rechteck gefunden haben?

1d) Alle diese Wege mit geschlossenen Augen gehen, um die verschiedenen Längen der Wege konzentriert zu erfahren. Dabei das Kind evtl. von hinten an den Hüften halten, damit es sich sicher fühlt.

2) Vorwärts gehen auf den halbierenden Senkrechten eines Quadrates und auf seinen Diagonalen. – Welche Wege sind gleich lang, welche sind länger?

3a) Wir stehen auf der Außenlinie eines Kreises. Vorwärts gehen und dabei den Kreis durch seinen Mittelpunkt durchqueren.

3b) Dasselbe von verschiedenen Punkten auf der Kreislinie aus. – Wie sind die verschiedenen Wege in Bezug auf ihre Länge?

Auch bei diesen Übungen kann man die Länge der Wege schätzen und mit einem Maßband nachmessen.

Hiermit ist das Kapitel „Mit den Füßen auf Entdeckungsreisen" beendet. Ihrer Phantasie sind in diesem Bereich jedoch keine Grenzen gesetzt, und auch die Kinder haben manchmal Spaß daran, neue „Wege" zu entdecken. Kommen die Kinder mit eigenen Vorschlägen, so ist schon viel gewonnen – ihre Raumvorstellung fängt an lebendig zu werden. Sie sollten jedoch das Fach Mathematik dabei nicht aus den Augen verlieren.

Schaffen Sie nun dem Kind den Übergang zum abstrakten Denken. Der erste Schritt dazu war schon das Aufzeichnen der Fußwege als Muster, als Umgrenzung von Räumen oder als deren Durchquerung.

Jetzt können wir einen Schritt weiter gehen zu einigen mathematischen Aufgaben, bei denen Raumwahrnehmung, Raumorientierung und die Vorstellung von Abständen gefragt sind, zum Beispiel:

1a) Zählen üben vorwärts und rückwärts, evtl. am Rechenrahmen mit seinen Holzperlen.

1b) Sie schreiben die Zahlen 1 bis 10 auf, lassen aber einige Zahlen weg, z. B. 1, 2, 4, 5, 6, 8, 9, 10. Das Kind soll die fehlenden Zahlen finden und die Zahlreihe vollständig aufschreiben.

2) Einfache Plus- und Minusaufgaben von 0 bis 10, um eine sichere Grundlage zu schaffen für das spätere Verständnis höherer Zahlbereiche. Auch hierbei können anfangs der Rechenrahmen oder ein Maßband eingesetzt werden.

3) Aufgaben mit Platzhalter. Vor allem den Raum bis zur 10 auffüllen. Z. B.

4 + ... = 10	10 - ... = 9
1 + ... = 10	10 - ... = 5
8 + ... = 10	10 - ... = 3

Die Abstände bis zur 10 werden dabei allmählich gespeichert. Dieser Vorgang lässt sich noch auf fröhliche Weise vertiefen, indem Sie dem Kind einen Ball mit einer Aufgabe (z. B. „7 + wieviel ist 10?“) zuwerfen und das Kind wirft den Ball mit der Antwort zurück. Dieses Ballspiel häufig wiederholen.

4) Mit diesen Abständen von 1 bis zur 10 im Gedächtnis des Kindes können Sie schließlich übergehen zu rechnerisch geschicktem Zusammenfassen. Z. B.

$3 + 2 + 7$	$10 - 2 - 5$
$3 + 7 + 2$	$10 - 5 - 2$
$10 + 2 = 12$	$5 - 2 = 3$

5) Aufgaben mit den Symbolen > (größer als) und < (kleiner als) z. B.
$8 > 5$ (8 ist größer als 5),
$3 < 9$ (3 ist kleiner als 9)

Das richtige Einordnen von Zahlen der Größe nach von links nach rechts:
8, 10, 2, 4, 9, 3 $= 2 < 3 < 4 < 8 < 9 < 10$

6a) Gegeben ist die mittlere Zahl, die Zahlen davor und danach sollen gesucht und die richtigen Symbole dazwischen gesetzt werden.
— 7 —
$= 6 < 7 < 8$

6 b) Dasselbe mit den Wochentagen, z. B.
? — Mittwoch — ?

Antwort: Dienstag – Mittwoch – Donnerstag

6 c) Dasselbe mit den Monaten:
? — Oktober — ?
Antwort: September — Oktober — November

6 d) Dasselbe mit dem ABC:
? — F — ?
Antwort: E F G

Mit dem Ball durch Zeit und Raum

Die drei Dimensionen

Geschult werden: Vorstellung der 3 Dimensionen, Zusammenspiel von Raum und Zeit, Raum-Lage-Wahrnehmung, Raumorientierung, Gleichgewichtssinn und Geschicklichkeit, Hand-Auge-Koordination, Schätzvermögen, Konzentration, Zählvermögen, Serialität (Abläufe), Tastsinn, Speichervermögen.

1) Den Ball von einer Hand in die andere rollen lassen und der Rundung des Balles nachspüren.

2) Den Ball in die Luft werfen und auffangen. Dabei beobachten, dass er umso mehr Zeit braucht, je höher er fliegt, um wieder in den Händen zu landen.

3a) Wir werfen uns den Ball zu und beobachten, dass er umso mehr Zeit braucht, je weiter wir voneinander entfernt stehen.

3b) Dasselbe, aber in steigendem Tempo. Das Zuwerfen des Balles soll schnell und zielgenau erfolgen. Das Kind ist unentwegt in Bewegung und in voller Konzentration.

4a) Falls das Zielen beim Zuwerfen noch nicht so gut klappt: Einen leeren Eimer in einem gewissen Abstand hinstellen. Das Kind soll den Ball genau in den Eimer werfen. – Wie oft schafft es das in 5 Minuten?

4b) Den Abstand zum Eimer allmählich vergrößern.

5a) Den Ball im Wechsel rechts, links, oben, unten zuwerfen, sodass das Kind sich beim Auffangen schnell auf alle Richtungen einstellen muss. Dabei kann man kurz vorher die Richtung zurufen, in der für das Kind der Ball ankommt, damit sich „rechts“, „links“, „oben“, „unten“ einprägen.

5b) Den Ball recht knapp zuwerfen, sodass das Kind nach vorn laufen muss, um ihn zu fangen.

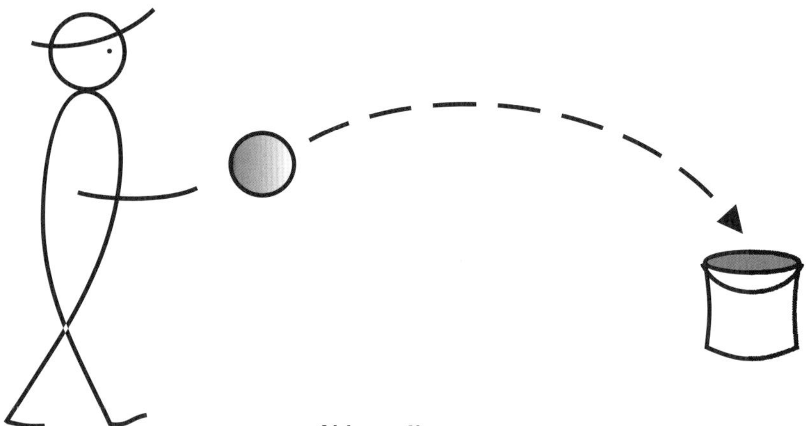

Abb. zu 4b

5c) Den Ball etwas weiter als nötig über den Kopf des Kindes hinweg werfen, sodass es gezwungen wird rückwärts zu laufen, wenn es ihn fangen will.

6) Den Ball locker in beiden Händen hinter dem Rücken halten. Durch einen kleinen Stoß mit den Händen den Ball über den Kopf nach vorn werfen und dort auffangen. (Das Kind erfährt hierbei sehr deutlich die Ebene hinten – vorn, die Tiefendimension, mit der Kinder mit einer Dyskalkulie die größten Schwierigkeiten haben.)

7) Diese Übung sollten Sie dem Kind vormachen: Leichte Spreizstellung der Beine, den Ball in der seitlichen Ebene über den Kopf von einer Hand in die andere werfen bei seitlich weit ausgestreckten Armen. (Hierbei wird dem Kind die Ebene rechts-links deutlich bewusst.)

8a) Übung auf einem glatten Boden; der Schüler hat eine freie Strecke vor sich. Er schwingt im Stehen den Ball in der hohlen Hand neben dem Körper nach hinten, dann nach vorn und lässt ihn vorwärts rollen,

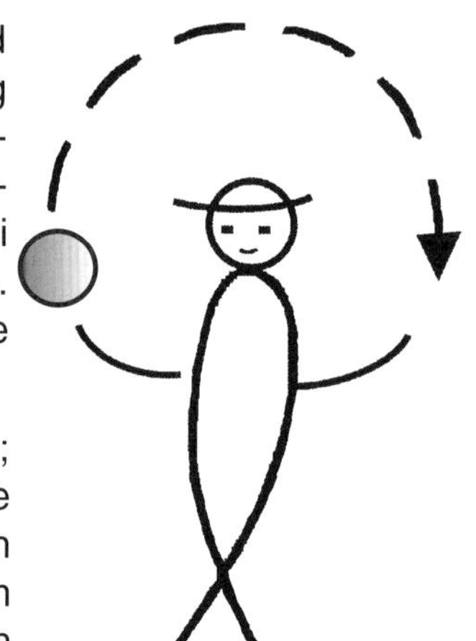

Abb. zu 7

läuft nebenher, überholt ihn, wendet sich und lässt den Ball wieder auf die hohle Hand rollen. – Hierbei ist genaues Abschätzen von Raum und Zeit notwendig. Den Ball nicht zu schnell rollen lassen!

8b) Dasselbe, aber während der Ball rollt, einmal um ihn herumlaufen und dann erst den Ball auf die Hand kullern lassen.

9) Im Stehen oder im Sitzen (auf einem Stuhl oder auf dem Boden) den Ball prellen und dabei zählen. Zuerst vorwärts, später rückwärts zählen.

10) Gleichmäßige Abläufe finden mit dem Ball. z. B.

  a) im Stehen: prellen – prellen – hochwerfen – fangen
  b) Dasselbe, aber beim Prellen vorwärts gehen.
  c) Dasselbe, aber nach dem Hochwerfen 1 x in die Hände klatschen.

Da der Ball nicht wartet, ist auch hier genaues zeitliches Abschätzen erforderlich.

Hinaus in die Welt hinter der Zehn

Addition und Subtraktion

1. Der Zehnergraben

Ein Bewegungsspiel zum Üben von Addition und Subtraktion

Material: 21 DIN A4 Pappkarten mit den Zahlen von 0 – 20 z. B. aus Tonpapier

Geschult werden: bildhaftes Vorstellungsvermögen, räumliche Orientierung, Aufgabenverständnis, Speicherfähigkeit, Konzentration, Abbau von Lernängsten, Bewusstmachung des Dezimalsystems

Bei diesem Spiel können Kinder mit viel Spaß ihre Angst vor dem Sprung über den Zehner verlieren. Selbst wenn sie das System recht schnell verstanden haben, sollte man den Zehnergraben immer wieder einsetzen, um die oben genannten Defizite gründlich aufzuarbeiten.

Bei jüngeren Kindern übt man zunächst mit den Karten von 1 – 19.

Bei älteren Kindern kann man jede beliebige Zehnerzahl von 20 – 90 in den Graben nehmen. Es reichen z. B. die Karten 79 – 80 – 81, die anderen dazugehörigen Zahlen kann sich das Kind meistens schon vorstellen. Schließlich kann man mit den Hunderterzahlen von 100 – 900 üben, z. B. 399 – 400 – 401.

Legen Sie in die Mitte des Raumes ein Seil quer auf den Boden in länglicher Hufeisenform. Das ist der Zehnergraben. Rechts davon die Pappkarten mit den schwarz aufgemalten Zahlen von 0 – 20, nur die 10 in roten Ziffern. Sie gehört zum Zehnergraben.

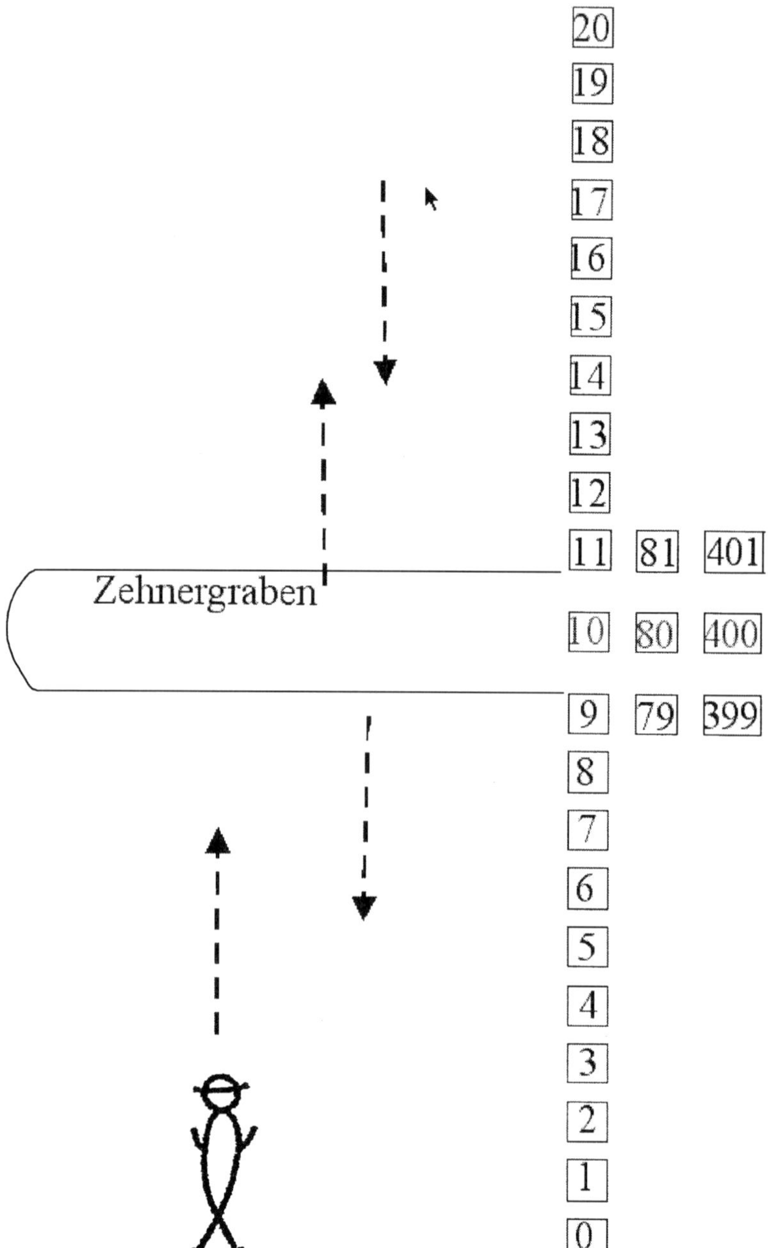
20
19
18
17
16
15
14
13
12
11
81
401
Zehnergraben
10
80
400
9
79
399
8
7
6
5
4
3
2
1
0

Verlauf des Spieles:

1a) Sie stehen mit dem Kind neben der 0. Zunächst gehen Sie mit ihm die Karten ab, die jeweils 1 Kinderschritt auseinander liegen sollten. Dabei werden die Zahlen laut gelesen bis zur Zehn im Zehnergraben. Dort wenden Sie sich um und sehen sich gemeinsam die zurückgelegte Strecke an. Nun gehen Sie mit dem Kind die Strecke bis zum Nullpunkt zurück und zählen dabei rückwärts.

b) Kleine Plus- und Minusaufgaben bis zur 10. Das Kind geht dabei neben den Zahlen auf und ab und wiederholt laut die Aufgabenstelllungen und die Ergebnisse.

z. B. Anfangsposition neben der 3:
3 + 4 Schritte – ich lande auf der 7

Anfangsposition neben der 8:
8 + 2 Schritte – ich lande im Zehnergraben

Anfangsposition im Zehnergraben:
10 – 4 Schritte – ich lande auf der 6

c) Sie stehen mit dem Kind im Zehnergraben und schauen sich die Zahlen bis zur 20 an. Die Strecke ist genauso lang wie die bis zur 0. – Sie gehen gemeinsam die Strecke bis zur 20 ab und nennen die Zahlen laut. Sie wenden, gehen die Strecke bis zum Zehnergraben und zählen dabei rückwärts.

d) Sie stehen wiederum im Zehnergraben und nennen die erste Aufgabe, z.B. 10 + 1. Das Kind geht einen Schritt vor und steht nun auf der 11. (Auch hierbei sollte das Kind jeweils die Aufgabe und das Ergebnis laut sagen. Nach meiner Erfahrung prägt sich das Selbst-Gesagte am besten ein.)

Jetzt heißt es 11 – 1 und das Kind befindet sich wieder im Zehnergraben. 10 – 1 und es steht auf der 9.

Die Aufgaben bekommen mit der Zeit größere Dimensionen:

z. B. 8 + 2 = 10
10 + 4 = 14
16 – 6 = 10 usw.

e) Nun wagen wir den Schritt über den Zehnergraben hinweg.

z. B.
Ausgangsposition 6
6 + 6

Wir überlegen: Wie viele Schritte brauchen wir bis zum Zehnergraben? = 4

Wie viele Schritte haben wir noch übrig, um die 6 ganz aufzubrauchen? = 2

Wir landen also auf der 12

Das Kind sagt laut: 6 + 6 = 12

Das Kind überlegt nun bei jeder größeren Aufgabe, wieviel Schritte bis zum Zehnergraben nötig sind und wie viele danach noch zu tun sind. Es geht alle Aufgaben ab.

z.B.

7 + 6	15 – 9
7 + 3 = 10	15 – 5 = 10
10 + 3 = 13	10 – 4 = 6

f) Jetzt wird es schwerer. Die Zahlenkarten werden fortgenommen, nur die 9, 10 und 11 bleiben liegen. Der fortgeschrittene Schüler kann nun schon Aufgaben bewältigen ohne die Karten, wobei ihm der Zehnergraben noch eine gewisse Sicherheit gibt. Die räumliche und bildliche Vorstellung sind gewachsen.

Der Schüler pendelt mit den von Ihnen gegebenen Additions- und Subtraktionsaufgaben zwischen dem 0-Punkt und der 20 hin und her, stellt sich jeweils dort auf, wo er die Ergebniszahl vermutet und sagt diese laut. So entsteht eine Kettenrechnung, bei der der Schüler nicht jedes Mal zum 0-Punkt zurückkehrt, sondern von der jeweiligen Ergebniszahl weiter rechnet und läuft,

z. B.
1 + 9 = 10 + 8 = 18 – 12 = 6 + 7 = 13 – 3 = 10 – 10 = 0

g) Wie Ihnen die Darstellung zeigt, können Sie auch bei Schwierigkeiten in höheren Zahlenbereichen noch einmal auf den Zehnergraben zurückkommen.

Im Anschluss an das Spiel mit dem Zehnergraben sollten jeweils im Heft die gleichen und ähnliche Aufgaben mit plus und minus gerechnet werden. Das Kind darf dabei zunächst noch zu dem Spielfeld des Zehnergrabens laufen und sich vergewissern, dass es richtig rechnet. Sobald es sich sicher fühlt, wird es auf dieses „Nachschauen“ und „Nachgehen“ von allein verzichten wollen.

2. Rechnen mit dem Maßband

Legen Sie ein Maßband vor das Kind auf den Tisch und geben Sie ihm jeweils eine Zahl als Ausgangsposition, von der aus es eine Plus- oder Minusaufgabe lösen soll. Es sieht bei Additionen die räumliche Verlängerung und bei

Subtraktionen eine Verkürzung auf dem Band, und es kann die Aufgaben abzählen. Vorübergehend kann das Maßband eine gute Hilfe sein. Bei zunehmender Sicherheit wird das Kind auch ohne Maßband auskommen.

Farben und Nullen weisen den Weg

3. Ein Spiel mit Zahlenkarten

Material: Jeweils 9 Kärtchen aus buntem Tonpapier mit den Zahlen 1000 – 9000 (blau), 100 –900 (gelb), 10 – 90 (grün), 1 – 9 (rot) von verschiedener Länge, je nach Anzahl der Nullen, sodass man sie gestaffelt übereinander legen kann.

z. B.	3000	(blau)
	400	(gelb)
	50	(grün)
	2	(rot) richtig aufeinander gelegt
	= 3452	

Damit das Kind gut mit den Zahlenkarten hantieren kann, sollten die Tausender ein Format von ca. 20 cm x 5 cm haben, die übrigen Kategorien jeweils entsprechend kürzer sein.

Geschult werden: optisches Differenzierungsvermögen, Umgang mit dem Dezimalsystem, Erfassen des Stellenwertsystems, Lesen von größeren Zahlen, Springen von einer Kategorie in die andere (Tausender, Hunderter, Zehner, Einer)

Es gibt rechenschwache Kinder, die mehrstellige Zahlen nicht als Ganzes erkennen können. Sie sehen z. B. bei der Zahl 3452 nur die einzelnen Ziffern und behandeln diese als seien sie alle von gleichem Wert. Nur der Bereich von 1 – 9 ist ihnen vertraut.
Mit dem folgenden Spiel können Kinder den Weg zu dem Umgang mit mehrstelligen Zahlen finden.

Spielverlauf:

1) Um „warm“ zu werden, beginnen wir damit, einstellige Zahlen zu addieren und zu subtrahieren und wechseln die entsprechenden Einerkarten aus.

2) Addition im zweistelligen Bereich
Zwei Kärtchen übereinander legen, z. B. die 10 und auf deren Null die 2, sodass 12 entsteht.

12 + 2! Sie überlegen mit dem Kind: 2 + 2 = 4, also legen wir anstelle der 2 jetzt eine 4, die 1 davor bleibt bestehen. 14 heißt vierzehn, denn unten liegt ja eine 10, vierzehn ist das Ergebnis.

In dieser Phase addieren wir nur einstellige Zahlen, sodass Ergebnisse bis zum nächsten Zehner möglich sind, wie z. B. 11 + 9 = 20. Sie überlegen mit dem Kind: 1 + 9 = 10. Die Eins haben wir verbraucht, aber darunter liegt die 10, und zu dieser Zahl zählen wir nun die neue 10 hinzu: 10 + 10 = 20 – wir brauchen eine neue Zehnerkarte!

Ein anderes Beispiel mit einer weiterführenden Überschreitung: Sie legen dem Kind z. B. die 26 und rechnen 26 + 8. Bis zum nächsten Zehner, der 30, verbrauchen wir 4, also 26 + 4 = 30. Nun schieben wir die 26 beiseite und holen uns die 30 als neue Zehnerzahl. Von der 8 sind noch 4 übrig, so kommt die 4 auf die Einerstelle des Zehnerkärtchens. 30 + 4 = 34. Also sind 26 + 8 = 34.

Bei der ersten Überlegung kann man zunächst die Zehnerzahl zuhalten, später sollte das Kind sie aber im Blick haben.

Vor der Überschreitung der Zehnerzahlen sollten a) das Spiel vom „Zehnergraben" geübt worden sein und b) eine Vorstellung von der Mächtigkeit der Ziffer 0 im Stellenwertsystem vermittelt werden. Dieses könnte z. B. auf folgende Weise geschehen:

4. Die Mächtigkeit der Ziffer 0

0	10	100
Das Kind steht still und geht keinen Schritt. Die Null steht allein und bedeutet **nichts.** Das Kind hat keinen Weg zurückgelegt. 0 x 0 = 0 1 x 0 = 0 10 x 0 = 0 100 x 0 = 0	Das Kind geht 10 Schritte vorwärts. Eine Null mit einer Eins davor bedeutet **zehn.** Das Kind sieht sich um: Es hat eine kleine Strecke zurückgelegt. 1 x 10 = 10	Das Kind geht 100 Schritte vorwärts. Es sieht sich um und hat eine längere Strecke zurückgelegt. Zwei Nullen mit einer 1 davor bedeutet **hundert.** 10 x 10 = 100

Dasselbe Gangspiel kann nun auch mit 20, 30 usw. bis 90 und mit 200, 300 usw. bis 900 durchgeführt werden, falls man das möchte, auch mit 1000 (10 · 100 = 1000).
Wichtig ist, dass man den Startpunkt markiert, damit die jeweils zurückgelegte Strecke erkennbar wird.

3) *Addition mit Hunderter- und Tausenderzahlen.*

a) Das Kind legt die Karten nun selbst übereinander, tauscht sie je nach den Ergebnissen aus und liest die Zahlen laut vor, z. B.

278 + 12 = 290
995 + 5 = 1.000

Hier liegen die Hunderter-Karten zuunterst (außer bei der 1.000), gestaffelt darauf die Zehner und zuletzt die Einer

7.540 + 60 = 7.600
1.680 + 30 = 1.710

Hier liegen die Tausenderkarten zuunterst.

b) Auch mit diesen größeren Zahlen wollen wir weiterführende Überschreitungen üben, z. B. 684 + 35. Zunächst legen wir 684 + 5 = 689. Nun teilen wir die restlichen 30 in zwei Kärtchen auf, nämlich die 20 und die 10 und rechnen 689 + 20 = 709, wir brauchen also eine neue Hunderterkarte und eine Null an der Zehnerstelle. Die restlichen 10 addieren wir am Schluss dazu, schieben sie an die Zehnerstelle und haben das Ergebnis 719. Also sind 684 + 35 = 719.

4) Subtraktion mit Zahlenkarten

a) Nur die Ziffern, aus denen die Zahl besteht, werden abgebaut, z.B. 365 – 5, das Fünferkärtchen wird fortgelegt; 360 – 60, die 60 verschwindet, 300 – 300 = 0 oder nichts.

Ein Kind stellte einmal dabei fest: „Die Nullen tragen die anderen Ziffern auf ihrem Buckel." – Es hatte also eine bildliche Vorstellung bekommen.

b) Jetzt halten wir die Reihenfolge nicht mehr ein, z. B. 365 – 60. Das Kärtchen der 60 wird herausgezogen = 305. 305 – 300, nur die 5 bleibt übrig. Oder 365 – 40. Wir ziehen die 60 heraus und überlegen: 60 – 40 = 20. Die 20 wird anstelle der 60 eingeschoben und wir erhalten 325.

c) Bevor wir in dem folgenden Bereich üben, sollte das Spiel „Der Zehnergraben" mehrfach gespielt worden sein. Nun können wir die Zehner-, Hunderter- bzw. Tausendergrenzen überschreiten. Z. B. 365 – 8. Sie überlegen mit dem Kind: 8 abziehen, also nehmen wir erst einmal die 5 weg, dann müssen wir von der 60 noch 3 abziehen, wir landen auf dem nächst unteren Zehner, der 50 und haben dann noch 7, die wir gestaffelt darauf legen: Ergibt 357!

Lassen Sie das Kind im Verlauf dieser Rechenspiele die Zwischenergebnisse, bei denen die Nullen zu Tage treten, laut vorlesen, damit sich das Stellenwertsystem einprägt. Viele Kinder freuen sich daran, den ganzen Hunderter oder Tausender freizulegen, ihn zu entdecken.

5. Der Ja- und der Nein-Stuhl

Material: 2 Stühle, die in einigem Abstand aufgestellt werden. An der Lehne des rechten Stuhls ein Schild mit großem „Ja“, an der des linken Stuhls mit großem „Nein“ befestigen.

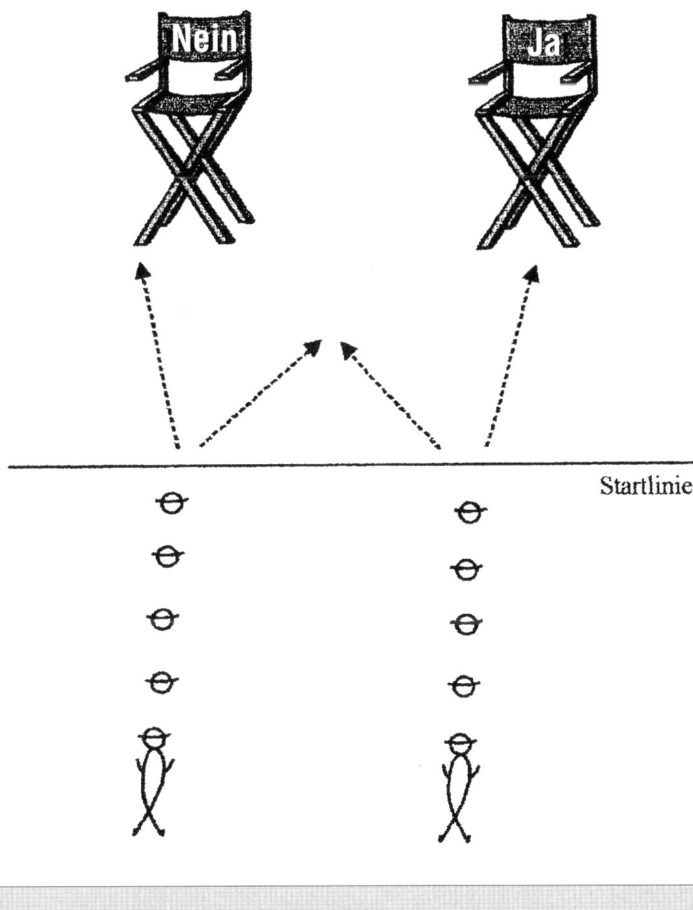

Gefördert werden: Aufmerksamkeit, räumliche Orientierung, Eifer, Spaß und Mut zum Tempo beim Rechnen

Spielverlauf:

Die Kinder stellen sich in zwei Schlangen auf mit gleichen Abständen zu den Stühlen. Jeweils die zwei vordersten Kinder rechnen um die Wette. Sagen Sie eine Aufgabe (Addition, Subtraktion, Multiplikation, Division) mit richtigem Ergebnis, sollten diese beiden vordersten Kinder zum „Ja-Stuhl" laufen und sich dann wieder hinten an ihre Schlange stellen. Bei richtiger Stuhl-Wahl bekommt die jeweilige Schlange einen Pluspunkt. Sagen Sie eine Aufgabe mit falschem Ergebnis, sollten die zwei Kinder zum „Nein-Stuhl" laufen. Wer von ihnen ist zuerst beim richtigen Stuhl? – Welche Schlange hat zum Schluss die meisten Pluspunkte?

Kleine Preise erhöhen den Spaß.

Die Sache mit den Pünktchen

Multiplikation und Division

1. Die geraden und die ungeraden Zahlen

Material: 2 längliche Pappschilder mit der Aufschrift: „Gerade Zahlen“ und „Ungerade Zahlen“, 1 langes Seil, 20 Pappen mit den Zahlen von 1 – 20

Gefördert werden: optisches Wahrnehmungsvermögen, räumliche Orientierung, Vorstellung und Speicherung von Abläufen, Spaß am Spiel, Abbau von Lernängsten.

Manche Kinder haben Schwierigkeiten beim Malnehmen und Teilen sowie beim Suchen der Teiler, weil sie die geraden und ungeraden Zahlen nicht auseinander halten können. Mit diesem Bewegungsspiel lässt sich das erlernen.

Legen Sie in die Mitte des Raumes ein langes Seil, links daneben in gleichen Abständen die Pappen mit den ungeraden Zahlen, rechts vom Seil und zwar in Höhe der jeweiligen Zwischenräume die geraden Zahlen. Am Kopfende links das Schild „Ungerade Zahlen“, rechts das Schild „Gerade Zahlen“.

Verlauf des Spieles

1a) Sie stehen mit dem Kind vor dem Anfang des Seils am Nullpunkt und schauen sich die ungeraden Zahlen von 1 – 19 an. Sie lassen sich nicht durch 2 teilen! Dann sehen sie sich die geraden Zahlen an und stellen fest, dass diese sich durch 2 teilen lassen. Das Kind kann nun alle geraden Zahlen von 2 – 20 einmal durch 2 teilen. Es läuft zu der jeweiligen Zahl hin, teilt sie durch 2 und sagt das Ergebnis.

b) Sie stehen mit dem Kind wieder auf dem Nullpunkt. Sie gehen mit ihm links neben dem Seil die ungeraden Zahlen von 1 – 19 ab, dann den Weg zurück mit lauter Benennung der ungeraden Zahlen von 19 – 1. So oft wiederholen, bis das Kind die Zahlen auswendig weiß. Danach dasselbe auf der rechten Seite mit den geraden Zahlen.

c) Nun hat das Kind einen Fuß rechts und einen links vom Seil und zählt beim Vorwärtsgehen alle Zahlen von 1 – 20 jeweils mit dem Fuß auf der richtigen Seite.

d) Das Kind hüpft im Zickzack über das Seil vorwärts, sagt dabei die nächste Zahl und macht sich bewusst, auf welcher Seite diese steht. Dasselbe zurück von 20 – 1.

e) Das Kind steht am Nullpunkt und kehrt immer wieder dorthin zurück. Sie nennen einzelne Zahlen, das Kind läuft dorthin und sagt, ob es eine gerade oder ungerade Zahl ist. Dasselbe, aber ohne die Schilder „Gerade Zahlen“, „Ungerade Zahlen“. Das Kind hat inzwischen eine räumliche Vorstellung gewonnen.

f) Jetzt werden die Zahlenkarten fortgenommen, nur die Schilder „Gerade Zahlen“ und „Ungerade Zahlen“ liegen an ihrem Platz am Kopfende. Das Kind steht am Nullpunkt. Sie nennen eine Zahl zwischen 1 und 20, das Kind läuft zu der Stelle, wo die Zahl in dem Spiel eigentlich hingehört. Es weiß jetzt, ob sie gerade oder ungerade ist und freut sich an Ihrer Bestätigung. – Sie nennen nun eine Zahl nach der anderen, und das Kind läuft von einem Zahlplatz zum anderen und sagt, ob es eine gerade oder ungerade Zahl ist. Dasselbe, aber ganz ohne Schilder.

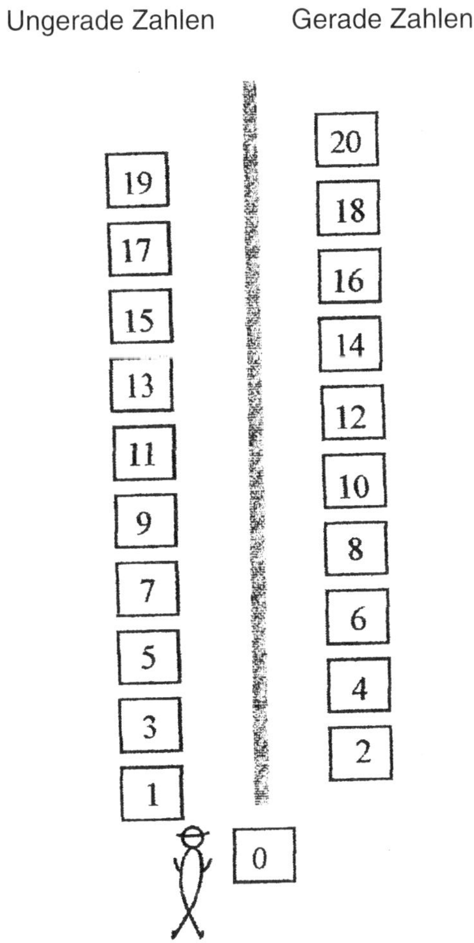

Nach dem Spiel mit den geraden und den ungeraden Zahlen wird das Kind Sie verstehen, wenn Sie ihm erklären, dass immer eine gerade Zahl als Ergebnis herauskommt, wenn es zwei gerade Zahlen miteinander multipliziert, aber immer eine ungerade Zahl als Ergebnis, wenn es zwei ungerade Zahlen miteinander multipliziert. Das Kind kann auf diese Weise schon einige Fehler vermeiden. Machen Sie unbedingt darauf aufmerksam, dass diese Regel nur für die Multiplikation und Division gilt, aber nicht für die Addition und Subtraktion!

3) Nun können Sie übergehen zu Aufgaben im Heft in Anlehnung an den Stand in der Schule.

a) Zunächst kleine Multiplikationen mit geraden Zahlen wie z. B.

2 x 4 =	10 x 2 =
4 x 4 =	4 x 8 =

b) Kleine Multiplikationen mit ungeraden Zahlen wie z. B.

3 x 3 =	7 x 7 =
5 x 7 =	9 x 5 =

c) Der fortgeschrittene Schüler kann nun schon höhere Zahlen miteinander multiplizieren und dabei darauf achten, ob das Ergebnis eine gerade oder ungerade Zahl ist.

2. Spiele rund um das kleine Einmaleins mit Ergebniskarten

Material: Jeweils 10 Zahlenkarten aus DIN A4 Tonpapier mit den Ergebnissen von jedem Einmaleins von 2 – 9 (z. B. 6, 12, 18, 24 etc.)

Gefördert werden: räumliche und zeitliche Orientierung, Aufbau bildhafter Vorstellungen von mathematischen Beziehungen, Abläufe, Speicherfähigkeit, Abbau von Lernängsten, Spaß am Spiel mit Zahlen

Kinder mit einer Rechenschwäche haben häufig große Schwierigkeiten damit, sich das kleine Einmaleins einzuprägen. Die rein abstrakte Vorstellung ist ihnen nicht möglich, und so vergessen sie das nur mechanisch Erlernte im Handumdrehen wieder.

Besser gelingt es diesen Kindern, das Einmaleins zu behalten, wenn sie beim Einüben verschiedene Sinne einsetzen, sich bewegen dürfen und bei spielerischem Tun vergessen können, dass sie auswendig lernen. Da lohnt es sich, die Ergebniskarten, seien sie auch nur aus Papier, anzufertigen.

Bei diesem Spiel können Sie einige Variationen durchführen, sodass es ein abwechslungsreiches, vergnügtes Einüben wird.

Spiele mit Ergebniskarten, Beispiel mit dem 1 x 6

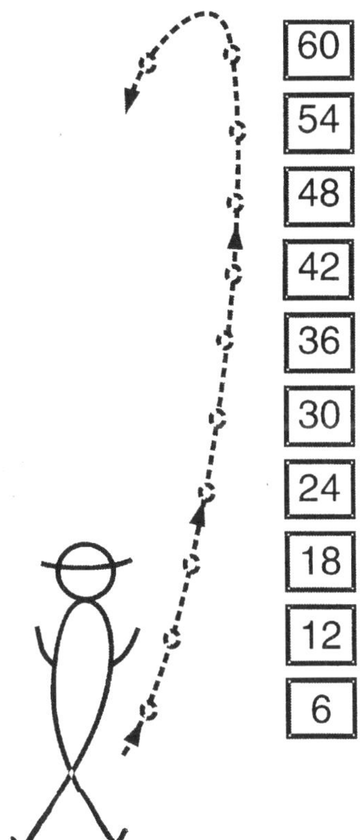

Verlauf der Spiele:

1a) Die geordneten Karten mit den Ergebnissen des zu übenden Einmaleinses (Wir nehmen hier das 1 x 6) in der richtigen Reihenfolge von dem Kind auf eine lange Bank, ein Sofa oder auf den Boden legen lassen. Sie erklären dem Kind, dass der Abstand zwischen jeder Ergebniskarte hier 6 beträgt. Lassen Sie das Kind von 1 bis 6 zählen und zu dem Zeitpunkt, da es die Sechs nennt, neben diese Ergebniskarte treten. Das Zählen geht nun weiter bis zur 60 und bei jeder Zahl aus dem 1 x 6 tritt es neben die entsprechende Ergebniskarte.

1b) Dasselbe von der 60 bis zum Nullpunkt, es wird also rückwärts gezählt. Gut wäre es, wenn das Kind dabei in einen Sechser-Rhythmus gerät und merkt, dass jede Einheit einen Zwischenraum von 6 enthält.

1c) Nun stehen Sie mit dem Kind vor der Malreihe, sprechen mit ihm zusammen die Aufgabenstellung und lesen gemeinsam das Ergebnis laut vor, z. B. „Einmal sechs gleich sechs, zweimal sechs gleich zwölf ....“ usw.

2) Das Kind steht neben der ersten Karte und sagt sie an. Es geht weiter von einer Karte zur nächsten und liest jede Zahl laut vor, z. B.: „6, 12, 18“ usw. Dasselbe rückwärts, indem es je nach Können die Schritte rückwärts nimmt oder sich bei der 60 wendet. Es liest nun: „ 60, 54, 48“ usw.

3) Die Karten von einem Einmaleins vorher durcheinander mischen, nun wieder von dem Kind in die richtige Reihenfolge legen und dann laut vorlesen lassen.

4) Das Kind schaut weg, Sie drehen eine der Ergebniskarten um. Es geht zu der umgedrehten Karte und soll sie richtig benennen. Das kann man mit den verschiedenen Ergebniskarten wiederholen; schließlich mit 2 oder 3 Karten an verschiedenen Stellen oder hintereinander, z. B. 6, 12, ..., 24, 30, 36, ..., 48 ....., oder 6, ..., ..., ..., 30, 36 ... Schließlich alle Karten umdrehen und das Kind sagt dieses Einmaleins auswendig auf.

Nun kann man mit Aufgaben beginnen.

5) Das Kind steht mit Ihnen vor der Zahlenreihe der Ergebniskarten. Sie geben z.B. die Aufgabe „2 x 6“, das Kind läuft zu der richtigen Ergebniskarte und sagt „2 x 6 = 12“ und stellt sich dann wieder neben Sie. Nun folgt eine Aufgabe der nächsten, der Schüler bleibt in Bewegung und freut sich, dass er die Ergebnisse findet. Noch hat er die Zahlen vor Augen. Er kann sich durch Abzählen der Anzahl der Ergebniskarten helfen, z. B. 4 x 6, also 4 Karten von vorn abzählen und er hat das Ergebnis.

6) Das Kind steht vor der Malreihe. Sie üben mit ihm Divisionsaufgaben und fragen z. B. „Wie oft steckt die 6 in der 18?“ Das Kind sieht drei Ergebniskarten vor sich (6, 12, 18) und kann folgern : dreimal. Die 30 liegt in der Mitte der Malreihe, da heißt es 30 : 6 = 5. Die 54 liegt an der vorletzten Stelle, 54 : 6 = 9 und 60 : 6 = 10. Von diesen Punkten aus lassen sich nun auch die restlichen Divisionsaufgaben räumlich erarbeiten. Das Kind kann die Ergebniskarten noch abzählen.

7) Multiplikations- und Divisionsaufgaben mit umgedrehten Karten. Nun muss das Einmaleins schon sitzen. Findet das Kind jedoch ein Ergebnis nicht, so darf es die entsprechende Karte umdrehen und sieht es vor sich.

8) Der Schüler kann nun das Einmaleins. Damit es ins Langzeitgedächtnis rutscht, üben wir auf verschiedene Weise weiter:

8a) Sie werfen dem Schüler mit einer Aufgabe, z. B. 5 x 6, einen Ball zu. Dieser wirft zurück und sagt das Ergebnis. Dasselbe lässt sich auch mit mehreren Kindern im Kreis durchführen, Sie stehen dabei in der Mitte.

8b) Dasselbe, aber mit Divisionsaufgaben innerhalb des kleinen Einmaleins, z. B. 24 : 6.

8c) Dasselbe mit kombinierten Aufgaben, z. B. 3 x 6 + 2 oder 9 x 6 – 4 oder 36 : 6 – 5.

8d) Das Kind prellt den Ball und sagt jedesmal, wenn es ihn fängt, das nächste Ergebnis von dem zu übenden Einmaleins. Ist es schon sicherer, so prellt es den Ball fortlaufend und sagt bei jedem Aufprellen die nächste Ergebniszahl. Klappt dieses Spiel ohne Fehler, so ist das ein Fortschritt, der wirklich ein Lob oder einen kleinen Preis verdient.

Gibt es einige Ergebnisse, die gar nicht im Gedächtnis bleiben wollen, so hilft **„der kleine Singsang"**: Sie singen dem Kind Aufgabe und Ergebnis nach einer ganz einfachen Melodie Ihrer Wahl vor. Dann singen Sie mehrfach hintereinander mit dem Kind diesen kleinen Singsang (z. B. „Sieben mal acht ist sechsundfünfzig!"). Später brauchen Sie nur diese kleine Melodie ohne Worte zu summen, und das Kind weiß das richtige Ergebnis. Schließlich lernt es, sich allein mit dem Singsang zu helfen.

Für manche Kinder ist es hilfreich und angenehm, wenn man sie einhakt und schunkelnd mit dem Singsang ein ganzes Einmaleins einübt.

Nehmen Sie sich viel Zeit für ein und dasselbe Einmaleins. Sobald man zu früh ein anderes dazu übt, kommt das Kind mit Dyskalkulie durcheinander. Es hinkt dann zwar eine Weile hinter seinen Mitschülern her, hat dafür aber schließlich eine feste Übersicht über das kleine Einmaleins. Ein Gespräch mit dem Lehrer mit der Bitte um Geduld ist hier wichtig.

Nun können Sie übergehen zu schriftlichen Aufgaben, möglichst zunächst nur mit dem gerade geübten Einmaleins. Lassen Sie am Anfang die entsprechenden Ergebniskarten im Hintergrund noch liegen, sodass das Kind sich sicherer fühlt. Nach und nach wird es stolz sein, wenn es gar nicht mehr nachschauen muss. Dann können Sie auf die Ergebniskarten verzichten.

5 x 6 =	18 : 6 =
7 x 6 =	48 : 6 =

oder eine Kettenaufgabe:

3 x 6 = ... + 6 = ... : 6 = ...
5 + 13 = ... : 6 = ...

3. Einmaleins-Spiele mit Fähnchen im Freien

Material: Jeweils 10 Papierfähnchen mit den groß aufgemalten Ergebnissen von jedem Einmaleins von 2 – 9 oder auch von 10 – 19. Am Stiel der Fähnchen einen Draht befestigen, damit sie sich in die Erde stecken lassen.

Gefördert werden: räumliche und zeitliche Orientierung, Vorstellung mathematischer Beziehungen, Abläufe, Speicherfähigkeit, Freude an der Bewegung und am Spiel mit Zahlen

Während man im Winter mehr auf die Spiele mit den Ergebniskarten im Haus angewiesen ist, so kann man im Sommer mit den Fähnchen nach draußen gehen und mehr Bewegung in die Spiele rund um das Einmaleins bringen. Dabei wird die räumliche Vorstellung noch deutlicher gefördert und das Kind kann die sich steigernden Anforderungen als spielerische Herausforderung empfinden.

Verlauf der Spiele:

1) Es genügt schon ein kleiner Rasen, ein ungepflasterter Hof oder dgl. Sie stecken mit dem Kind die Ergebnis-Fähnchen von einem Einmaleins in richtiger Reihenfolge und gleichmäßigen Abständen in die Erde, sodass die Ergebniszahlen vom 0-Punkt aus zu erkennen sind. Wir nehmen jetzt das 1 x 7. Nun schauen Sie sich mit dem Kind die Abstände vom 0-Punkt bis zur 70 an, dann bis zur Mitte, also bis zur 35. Sie schreiten mit ihm das Einmaleins ab und sprechen laut die Ergebnisse, wie sie auf den Fähnchen stehen, von vorn bis zum Ende und von hinten wieder bis nach vorn.

2) Dasselbe, aber im Laufschritt und jedes Fähnchen einmal umkreisen.

3) Das eine oder andere Fähnchen nehmen Sie heraus. Welche Fähnchen fehlen? Trotzdem das ganze Einmaleins ablaufen und nennen lassen.

4) Mit geschlossenen Augen das Einmaleins abgehen und aufsagen, dasselbe zurück. Sie halten das Kind von hinten an den Hüften, sodass es zwar seinen Weg selbst bestimmen kann, sich dabei aber sicher fühlt.

5) Sobald das Kind ein Einmaleins gut kennt, Aufgaben stellen, z. B. „3 x 7". Das Kind wiederholt die Aufgabe, sagt das Ergebnis, läuft zu dem entsprechenden Fähnchen, umkreist es und kommt zu Ihnen zurück. So prägen sich die räumlich-zeitlichen Abstände allmählich ein. Wird das Ergebnis nicht gefunden, so sagen Sie es ihm. Das Kind kann nun 3 mal um einen Baum oder dgl. laufen und die Aufgabe mit dem Ergebnis ebenso oft im Singsang sagen, z. B. „Drei mal sieben ist einundzwanzig!" – Es ist erstaunlich, wie bald auf diese Weise Gedächtnislükken aufgefüllt werden können, auch von Kindern mit einer Dyskalkulie.

6) Kleinere Kinder mögen es gern, wenn sie Ihnen das Fähnchen mit dem richtigen Ergebnis bringen dürfen. Man kann eine Übungsstunde auch damit beenden, dass das Kind bei jeder Aufgabe das richtige Ergebnis-Fähnchen bringt, bis alle Fahnen in Ihrer Hand sind.

7) Sie erinnern das Kind an die Regel: Punktrechnung geht vor Strichrechnung! Nun steigern Sie die Schwierigkeit durch doppelte Aufgabenstellung, z. B.

   2 x 7 + 5 x 7
   14 + 35

Das Kind soll nacheinander zu den Ergebnis-Fähnchen hinlaufen und die Produkte addieren.

8) Anschließend schriftliche Multiplikationsaufgaben mit dem zu übenden Einmaleins.

9) Nun kann dividiert werden. Sie nennen ein Produkt (Ergebniszahl). Das Kind läuft zu dem entsprechenden Fähnchen. Sie fragen z. B.: „Wie oft steckt die 7 in der 49?“ Falls das Kind die Antwort noch nicht weiß, kann es sich helfen, indem es die Anzahl der Fähnchen von 7 bis 49 abzählt. Nach einigem Üben wollen die Kinder aber darauf verzichten. Im Anschluss schriftliche Divisionsaufgaben ausführen lassen, z. B.

   28 : 7
   63 : 7

10) Fähnchen mit den Ergebnissen eines schon geübten Einmaleinses in weiten Abständen **durcheinander** in die Erde stekken. Das Kind löst Ihre Aufgaben, z. B. 8 x 7 oder 42 : 7, indem es möglichst sicher zu dem richtigen Fähnchen läuft, es umrundet und laut das Ergebnis sagt, d. h. bei der Multiplikation läuft es zu den Ergebnis-Fähnchen, bei der Division zu dem Dividenden (hier die 42) und nennt den Quotienten als Lösung (hier die 6, denn 42 : 7 = 6). Jetzt kann es weder bei der Multiplikation noch bei der Division die Anzahl der Fähnchen abzählen, das Einmaleins muss sitzen.

a) **Multiplikation:**
   8 x 7 = 56

Multiplikand x Multiplikator = Produkt

b) **Division:**
   42 : 7 = 6

   Dividend : Divisor = Quotient

Danach können Sie übergehen zu gemischten schriftlichen Multiplikations- und Divisionsaufgaben, aber bleiben Sie zunächst bei dem gerade geübten Einmaleins wie bei a) und b).

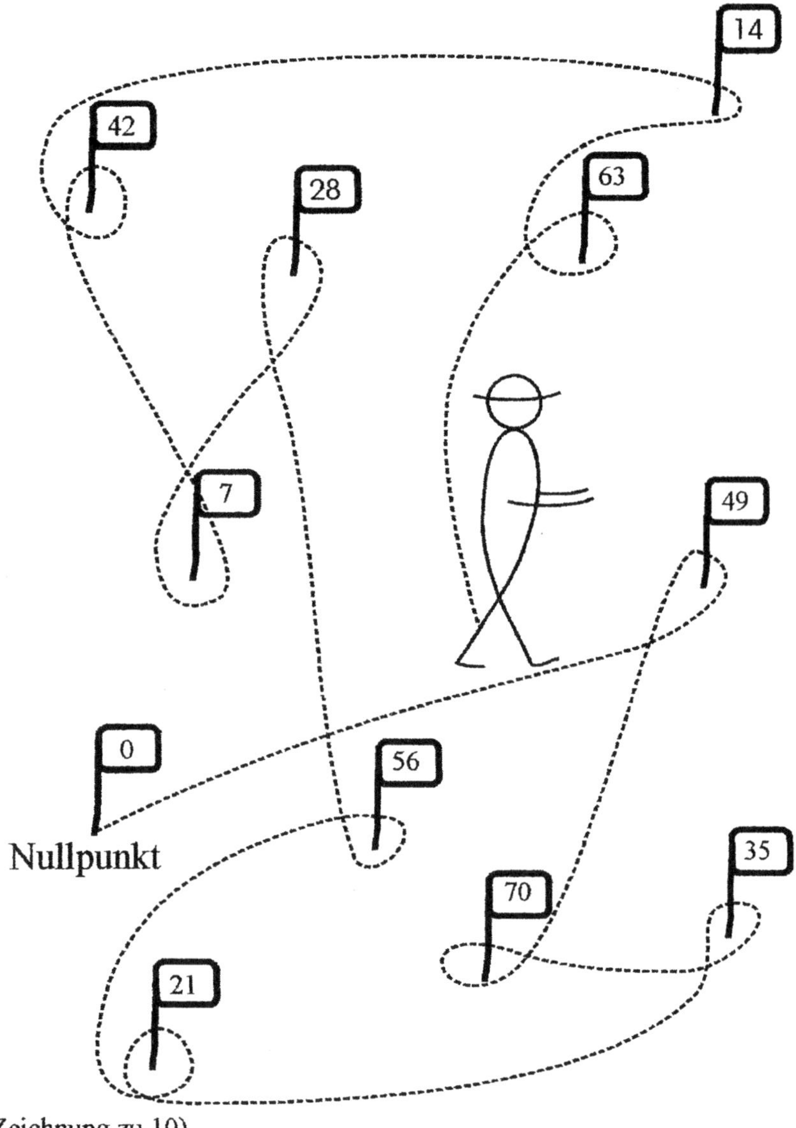

Zeichnung zu 10)

Schwierigkeiten, die mir bei Kindern mit einer Rechenschwäche auffielen

1) Schwierigkeiten bei Bewegungsabläufen

- Beim Rückwärtsgehen
- Beim Drehen um sich selbst
- Bei kombinierten Bewegungen wie z. B. den Überkreuzbewegungen
- Bei dem Einschlagen von Bewegungsrichtungen wie rechts-links, oben-unten, vorn-hinten *
- Bei Bewegungen in rhythmischen Abläufen
- Bei der eigenen Bewegungsbegleitung z. B. durch Klatschen, Schlagen auf ein Tamburin, Sprechen oder Singen

2) Schwierigkeiten mit der Zeit

- Beim Schätzen von Zeiträumen
- Beim Lesen der Uhr
- Beim Erfinden eigener Rhythmen z. B. durch Klatschen und Stampfen
- Beim Einhalten vorgegebener Rhythmen

3) Wahrnehmungsschwierigkeiten

- bei der Koordination von Auge und Hand
  z. B. beim Abzählen von Mengen verzählt sich das Kind, indem es manche Teile doppelt zählt und andere auslässt.

- Bei der Raum- Lage- Wahrnehmung
  z. B. ob es sich um eine 28 oder 82 handelt, um ein > oder <.

- Bei der Figur- Grund- Wahrnehmung
  z. B. bei einer Figur, die vor ihrem Hintergrund erkannt werden soll in einem Suchbild; bei einem Kippbild, in dem zwei Möglichkeiten der Deutung erfolgen sollen; bei dem Erkennen von sich überschneidenden einzelnen Formen.

- Bei der Wahrnehmungskonstanz,
  bei welcher Gegenstände unter verschiedenen Blickwinkeln wiedererkannt werden sollen, z. B. dass eine Menge gleich groß bleibt egal in welcher Anordnung ihre Teile liegen:

  ❑

  ❑ ❑ ❑ ❑ oder ❑ ❑

  ❑

- bei der Wahrnehmung und Verarbeitung von Berührungsreizen
- bei der Fähigkeit aus der Bewegung Informationen zur Orientierung zu beziehen (s. 1*.)
- bei Beeinträchtigung des Gleichgewichtssinnes kann es zu motorischen Ungeschicklichkeiten und schlechter Raumwahrnehmung kommen

4) Schwierigkeiten beim Rechnen

- Knöpfe, Plättchen oder dgl. mit verschiedenen Formen können nicht sortiert werden.
- Es wird kein Zusammenhang erkannt zwischen Zahlen und der entsprechenden Menge.
- Das Abschätzen von Entfernungen erfolgt anscheinend wahllos ohne räumliches Vorstellungsvermögen.
- Es bestehen große Schwierigkeiten beim Erlernen und Behalten vom Einmaleins.
- Es fehlt das Vorstellungsvermögen für unser Wertsystem, d. h. jede Ziffer einer Zahl gilt rechenschwachen Kindern gleich viel. Sie können deshalb mehrstellige Zahlen auch nicht lesen.
- Es fehlt die Vorstellung von dem Umgang mit der Null.
- Schwierigkeiten beim Umgang mit dem Dezimalsystem.
- Das System der Kardinal- und Ordinalzahlen wird nicht erkannt.
- Die Fähigkeit arithmetische Aufgaben zu lösen ist sehr eingeschränkt.

- Schwierigkeiten beim Umgang mit den Symbolen wie: +, -, :, x· oder > <.
- Erfordert eine mathematische Aufgabe mehrere Rechenschritte, so kann das Kind sich die Reihenfolge nicht merken.
- Der Umgang mit Geld fällt diesen Kindern schwer.

Schlusswort

Alle diese Lernübungen und Lernspiele haben sich in jahrelanger Arbeit mit rechenschwachen Kindern entwickelt, die von der hiesigen Erziehungsberatungsstelle zu mir geschickt wurden, um in Mathematik gefördert zu werden.

Je länger ich mich mit ihnen beschäftigte, umso mehr wuchsen mir diese Kinder ans Herz.

Für den Lehrer einer großen Klasse ist es kaum möglich, sich eingehend mit den Problemen eines einzelnen Schülers mit Dyskalkulie zu beschäftigen. So kann das rechenschwache Kind dem Unterricht bald nicht mehr folgen und fühlt sich ausgegrenzt. Es bekommt schließlich Angst davor, aufgerufen zu werden, weil es befürchtet, von seinen Mitschülern ausgelacht zu werden.

Dem Kind diese Ängste mit viel Liebe und Geduld wieder zu nehmen, sollte Ihnen oberstes Gebot sein. Das kann gelingen, wenn Sie eine fröhliche Atmosphäre schaffen und Arbeit in Spiel umwandeln, bei dem trotz aller Konzentration gelacht werden darf.

Es lohnt sich, dem rechenschwachen Kind Übungen und Spiele anzubieten, mit denen es grundlegende Erfahrungen nachholen kann, die für das mathematische Denken notwendig sind.

Zwar handelt es sich hier nur um einen Teilbereich, aber mit dem Umgang von Raum und Zeit sicherlich um einen wichtigen Schritt aus der Dyskalkulie.

Raum für Notizen:

Novitäten 10

Wir bringen Lernen in Bewegung® ...

Helga Sinnhuber
Spielmaterial zur Entwicklungsförderung
– von der Geburt bis zur Schulreife
◆ 6., völlig überarbeitete und erweiterte Aufl. Jan. 2005, 184 S., Format 16x23cm, Ringbindung, ISBN 3-8080-0579-3, Bestell-Nr. 1112, € 19,50

Barbara Cárdenas
Pfiffigundes Sprachwelt
Erst-, Zweit- und Schriftspracherwerb vorbereiten, beobachten und fördern
◆ Sept. 2005, ca. 180 S., Format 16x23cm, fester Einband, ISBN 3-938187-00-X, Bestell-Nr. 9350, € 21,50

Rainer Wassong / Anja Laufer
Von Morgenrot bis Abendbrot
Spielideen für den Alltag mit Kindern von früh bis spät
◆ 2004, 140 S., Format 16x23cm, Ringbindung, ISBN 3-8080-0558-0, Bestell-Nr. 1058, € 15,30

Übungsreihen für Geistigbehinderte

Carin de Vries
Mathematik an der Schule für Geistigbehinderte
Grundlagen und Übungsvorschläge für Diagnostik und Förderung
Übungsreihen für Geistigbehinderte • Lehrgang A
◆ ca. Dez. 2005, ca. 120 S., Format 16x23cm, br, ISBN 3-8080-0583-1, Bestell-Nr. 3619, € 15,30

Dana Marschner
Mädchen stark machen
Ideen, Anregungen und Möglichkeiten zur Selbstbehauptung
Übungsreihen für Geistigbehinderte • Lehrgang D2
◆ April 2005, 56 S., Format 16x23cm, br, ISBN 3-8080-0584-X, Bestell-Nr. 3640, € 10,20

Annemarie Joost / Birgitta Keuter
Freiarbeit leicht gemacht
Abwechslungsreiche Materialien für die Vor- und Unterstufe – vielseitig einsetzbar – leicht herzustellen
Übungsreihen für Geistigbehinderte • Lehrgang H6
◆ Feb. 2005, 88 S., Format 16x23cm, br, ISBN 3-8080-0582-3, Bestell-Nr. 3618, € 11,80

Fredrik Vahle
Liegen lassen
Einladung zu einer naheliegenden Entdeckung
◆ 2004, 184 S., Format DIN A5 quer, fester Einband, ISBN 3-86145-274-X, Bestell-Nr. 8337, € 19,50

Audio-CD: Liegen lassen
Musik: Jean Kleeb
◆ 2004, 66 Min., im Schuber, ISBN 3-86145-279-0, Bestell-Nr. 9202, € 15,30

Martin Vetter / Ulrich Kuhnen / Rudolf Lensing-Conrady
RisKids
Wie Psychomotorik hilft, Risiken zu meistern
◆ Mai 2005, ca. 250 S., farbige Abb., Format 16x23cm, fester Einband ISBN 3-86145-278-2, Bestell-Nr. 8340, € 22,50

Elke Wieland / Wolfgang Keßler
Plastisches Gestalten in der Kunsttherapie
Ton, Gips, Holz, Stein
Techniken, Methoden, Einsatzmöglichkeiten
◆ April 2005, ca. 250 S., Format 16x23cm, fester Einband, ISBN 3-8080-0564-5, Bestell-Nr. 1213, € 25,50

Alexander Trost / Wolfgang Schwarzer (Hrsg.)
Psychiatrie, Psychosomatik und Psychotherapie
für psycho-soziale und pädagogische Berufe
◆ 3., vollständig überarb. und erweiterte Aufl. Jan. 2005, 544 S., Format 16x23cm, fester Einband, ISBN 3-86145-264-2, Bestell-Nr. 8205, € 22,50 bis 31.12.04, danach € 25,50

Hilde Trapmann / Wilhelm Rotthaus
Auffälliges Verhalten im Kindesalter
Handbuch für Eltern und Erzieher • Band 1
◆ 11., unveränd. Aufl. 2004, 352 S., Format 16x23cm, fester Einband, ISBN 3-8080-0572-6, Bestell-Nr. 1101, € 17,50

Wilhelm Rotthaus / Hilde Trapmann
Auffälliges Verhalten im Jugendalter
Handbuch für Eltern und Erzieher • Band 2
◆ 2004, 360 S., Format 16x23cm, fester Einband, ISBN 3-8080-0489-4, Bestell-Nr. 1151, € 17,50

10/04 / 16.11.04

verlag modernes lernen borgmann publishing

Hohe Straße 39 • D-44139 Dortmund • Tel. (0231) 12 80 08 • FAX (0231) 12 56 40
Unsere Bücher im Internet: www.verlag-modernes-lernen.de

Fröhliche Wege – Teil 2

Agnes Ebhardt / Frauke Ebhardt

Neue fröhliche Wege aus der Dyskalkulie

Erfolgreiche Hilfe bei Rechenschwäche und Möglichkeiten zur spielerischen Vorbeugung

Die Autorinnen wenden sich mit diesem Buch an Pädagogen, Erzieher und Eltern rechenschwacher Kinder. Sie bringen den Umgang mit natürlichen Gesetzmäßigkeiten, die dem Rechenprozess zugrunde liegen, nahe. So werden diesen Kindern, trotz der fortschreitend technisierten Welt, die dringend nötigen Bewegungs- und Sinneserfahrungen durch unbeschwerte Übungen ermöglicht

„Damit Lernen in den unterschiedlichsten Zusammenhängen gelingt, brauchen Kinder die grundlegenden Erfahrungen von Geborgenheit, Selbstwirksamkeit und Bedeutsamkeit. So entsteht Selbstvertrauen. Wenn ein Kind im Verlauf seiner Entwicklung nur begrenzt diese wichtigen Erfahrungen sammeln konnte, dann können die damit verbundenen Defizite besonders gut durch Menschen ausgeglichen werden, die sich einem Kind emotional zuwenden und ihm durch entsprechende Angebote eine Chance zur nachholenden Entwicklung geben.
Agnes Ebhardt (Dyskalkulietherapeutin) und Frauke Ebhardt (Ergotherapeutin) verweisen in dieser Publikation nicht nur auf Zusammenhänge zwischen Körpererfahrungen und kognitiver Entwicklung, sondern geben Eltern, Lehrern und Erzieherinnen eine Fülle konkreter Anregungen, mit denen es möglich ist, Kinder mit Lernproblemen im mathematischen Bereich zu unterstützen."

Dr. Karl Gebauer im Geleitwort.

◆ 2004, 84 S., Format DIN A5, Ringbindung
ISBN 3-8080-0563-7 **Bestell-Nr. 1200, sFr 26,90, € 15,30**

verlag modernes lernen
borgmann publishing

Hohe Straße 39 • D-44139 Dortmund
Tel. (0231) 12 80 08 • FAX (0231) 12 56 40